युवाओं के लिए सत्य

अभी या कभी नहीं

सी ए राहुल आर गांधी

युवाओं और इस पुस्तक के पाठकों को

क्रम-सूची

क्रम-सूची

प्रस्तावना

इस विषय पर पुस्तक लिखने का ख़याल मेरे कज़िन हर्षा और ऋषभ की ओर से आया। दोनों ही कॉलेज के अंतिम वर्ष में हैं।हम कई विषयों पर विस्तार से चर्चा करते हैं और यों ही इस ख़याल ने सिर उठाया कि मैं आज की युवा वर्ग के लिये मायने रखनेवाले कई सवालों पर किताब लिखूँ जो उन युवाओं के लिये एक मार्गदर्शक नक़्शे का काम करें जो उस पर अमल करना चाहते हैं

ईमानदारी से कहूँ तो मैंने २०२० (2020) के **कोविड महामारी** की लॉकडाउन तक अपने कोर्स के लिये उपयोगी अर्थात शैक्षणिक पुस्तकों को छोड़ दूसरा कुछ भी नहीं पढ़ा था। उस दौरान मैंने अन्य किताबें पढ़नी शुरू कीं और मुझमें एक गहरी दिलचस्पी ने जन्म लिया। मुझे कई ऐसे अज्ञात और ज्ञात विषयों पर अंतर्दृष्टि मिली जो हमारी रोज़ाना ज़िंदगी में हमारे लिये रोचक हैं।

इन पुस्तक में निहित विषय किसी दूसरी किताब से या अन्य इंसान से सीखा जा सकता है। मैंने सिर्फ़ ये कोशिश की है कि जब कोई निर्णय लेना पड़ता है या चुनाव करना पड़ता है हम कुछ मुख्य विचार-बिंदुओं पर ध्यान दें । ये कोई प्रेरणात्मक इरादे से लिखी पुस्तक नहीं है बल्कि उन लोगों के लिये है जो एक्शन लेना चाहते हैं यानी कदम उठाना (कार्यान्वयन/ कार्य) चाहते हैं ख़ासकर जब वे आम तौर पर पैदा होनेवाली परिस्थितियों में अटक जाते हों।

इस पुस्तक में जो सीख या क्रिया (Action) के बिंदु मैंने आपसे बाँटे हैं उनका श्रोत हैं मेरे व्यक्तिगत अनुभव, भिन्न विचारों पर मेरा अमल करके देखना, मेरे परिचितों से अर्जित अंतर्ज्ञान , फ़िल्म आदि ।

इस पुस्तक में दिये गये सीख और क्रिया (Action) के बिंदु रोज़ाना ज़िंदगी में अमल में लाने के लिए हैं और कालावधि में अटूट प्रयास करते रहने से उसके फ़ायदे देखे जा सकते हैं।

यह पुस्तक एक युवा के जीवन में कैसे का जवाब देती है!

पावती (स्वीकृति)

जितेंद्र जैन
एकता सुराना
बुकलेट टीम
राधा जनार्दन (Translator)
संजना जैन

सत्य - Truth

- अगर सीखी हुई बात पर अड़तालीस (48) घंटों के भीतर अमल न किया जाय तो उनके क्रिया (Action) की संभावना **बड़े पैमाने** पर घट जाती है।

- किसी ख़याल/ आदत/ गतिविधि या कार्यक्रम पर **अमल करना** सिर्फ़ ये जानने से अधिक महत्त्वपूर्ण है कि वह ख़याल/ आदत/ गतिविधि या कार्यक्रम क्या है।

- आप एक ऐसा इंसान बनें जो **काम** को करता है न कि उस बारे में सिर्फ़ बातें करता है।

- सबसे अच्छा निवेश है अपने ऊपर किया गया निवेश।

- यह स्वर्णकाल है: आप इसका सर्वोत्तम लाभ उठायें।

- **केवल** ज्ञान **या** पैसा आपको एक संपूर्ण दृष्टि या परिप्रेक्ष्य नहीं दे सकता। लेकिन दोनों का **सही मिश्रण** आपको जीवन का संपूर्ण परिप्रेक्ष्य दे सकता है।

- ज्ञान प्राप्त करना आपको स्पष्टता प्रदान करेगा। स्पष्टता और कार्य में कौशल, दोनों हों तो आपमें वह कला पैदा होगी जिससे आप किसी की भी सहमति और विश्वास को जीत सकेंगे ।

- अगर आप जीवन के किसी भी पक्ष में विकास करना चाहते हैं तो पहला कदम ये होना चाहिए कि इस वक्त आप जहां खड़े हैं उसको आंके, उसका मूल्यांकन करें।

- एक निर्णय को लेने के बाद उस पर फिर से विचार करना ताक़त भी हो सकती है, कमज़ोरी भी।इसलिए वही करें जिसकी ज़रूरत है।

- मेरा विश्वास है कि यों ही समझाने के बदले जब चीज़ें **तर्क** और **विज्ञान** के आधार पर समझाई जातीं हैं तब असर बेहतर होता है। हमलोग इस पुस्तक में दिये गये तरीक़ों और सिद्धांतों के बिना भी निर्णय ले सकते हैं किंतु मेरा विश्वास है कि उन पर अगर हम अमल करते हैं तो शायद हमें एक समग्र और विशालतर परिप्रेक्ष्य मिलेगा।

यह पुस्तक किसी पेशेवर संपादक द्वारा संपादित नहीं है।अगर आपको इसमें संपादन की कहीं आवश्यकता महसूस होती है तो हमें इस पते पर लिखें-gandhirahul511@gmail.com लिखकर सूचित करें।

तो चलिये, आज के युवा *(मेरे और आप जैसे)* जिन प्रश्नों का सामना करते हैं उनमें से कुछ प्रश्नों के साथ शुरुआत करें ताकि अपने लिए विवेकपूर्ण फ़ैसले कैसे करें इसकी जानकारी मिले।

1
निर्णय लेने की प्रक्रिया

हमें एक व्यक्ति होने के नाते अक्सर लिए जाने वाले निर्णयों की बमबारी से जूझनी पड़ती है।इस प्रक्रिया के दौरान हम जाने-अनजाने कई निर्णय ले लेते हैं और हमें इसका अंदाज़ा भी नहीं रहता की निर्णय ले रहे हैं।लेकिन जब कोई महत्त्वपूर्ण निर्णय लेने का वक्त आता है हम अटक जाते हैं और ज़रूरत से ज्यादा सहजता से, सोचे-समझे बिना निर्णय लेने की कोशिश करते हैं जिसमें हम किसी ख़ास हालात में जो इनपुट या आउटपुट हो सकते हैं उनके बारे सोच रहे होते हैं।

इसलिए हमारे सामने दो विकल्प हैं- या तो सीधे जो सोच रहे हैं वह कर डालें या फिर तर्क से लैस होकर, जानकारी प्राप्त करके कदम उठायें।

• जानकारी से ज्यादा निर्णय लेने के लिये आवश्यक कदम—

चरण १ (Step 1) - डेटा या संख्या विवरण प्राप्त करें

चरण २ (Step 2) - डेटा को समझने योग्य स्वरूप में बदलना

चरण ३ (Step 3) - अपने इरादों और ज़रूरतों के आपसी संबंध को जाँचना

चरण ४ (Step 4) - इसके बाद निर्णय लेना

- ज़्यादातर मौक़ों में इन बातों को काग़ज़ में लिखना अत्यधिक स्पष्टता और समझ देता है। करके देखें और स्वयं इसका परिणाम देखें।

नोट:

निर्णय लेने के पहले सिर्फ़ तथ्य और विवरण जमा करें। निर्णय के लिए जो तारीख़ निर्धारित है उसके पहले कोई निर्णय नहीं लें।
निर्णय की तारीख़

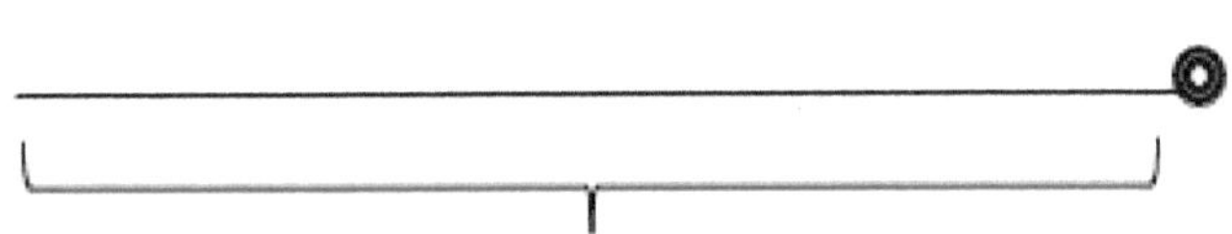

सिर्फ़ तथ्य और डेटा विवरण जमा करें

2

सही करियर का चुनाव कैसे करें?

करियर का चुनाव जीवन के सबसे महत्वपूर्ण निर्णयों में से एक होता है।मैंने ऐसे कई मौके देखे है और व्यक्तिगत तौर पर अनुभव भी किया हैं कि लगभग हमारे दोस्त और परिवार के सदस्य जिस करियर को सबसे अच्छा मानकर सिफ़ारिश करते हैं उसके आधार पर हमारा करियर तय होता है।

बाज़ार में करियर परामर्शदाता (Counselling) कई हैं और कई दूसरे उपाय भी मौजूद हैं।लेकिन अपना निर्णय ख़ुद लेना आपको बहुत परिपक्व और जानकार बनाएगा । याद रहे कि*'अपना निर्णय लेने के लिये अपने से बेहतर कोई चुनाव नहीं है।'*

मैं चाहूँगा कि आप स्वयं अपने लिए तर्कपूर्ण ढंग से करियर का चुनाव करें। इसके लिए नीचे दिये गए कदमों को आप अपना सकते हैं—

क्या ये बहुत बेहतरीन नहीं होगा यदि आपके द्वारा चुना गया करियर आपकी ज़रूरतों या मुख्य चाहतों से मेल खाता हो?

सबसे पहला और मुख्य कदम होगा अपनी ज़रूरतों को लिख डालना। (इस कोर्स या करियर से आप क्या आशा रखते हैं)। कुछ ज़रूरतें इस तरह हो सकती हैं:

- मैं खुश रहना चाहता हूँ?
- मैं उसे अपनी आजीविका बनाना चाहता हूँ?
- मैं उससे संतुष्ट और तृप्त होना चाहता हूँ?

तत्पश्चात् नीचे दिये गये क़दम आपकी मदद कर सकते हैं-

चरण १ - करियर / कोर्स के विकल्प –

अपने बुजुर्गों, दोस्तों, सहकर्मियों से चर्चा करके, साथ ही 'सर्च इंजिन' की भी सिफ़ारिश लेकर आपके मन में आनेवाले उन सभी करियर संबंधी विकल्पों की सूची बनायें। आपकी त्वरित जानकारी के लिये करियर के कुछ विकल्प प्रस्तुत हैं-

- स्नातकोत्तर शिक्षा (स्नातक की डिग्री या कोर्स)
- मास्टर्स या स्नातकोत्तर कोर्स (पाठ्यक्रम)
- व्यावसायिक शिक्षा के पाठ्यक्रम
- प्रभावक या इंफ्ल्यूएंसर
- प्रसाधनकला या मेकअप कौशल
- प्रमाणित योग प्रशिक्षक
- आहार संयोजक या डायटीशियन
- गृह सज्जा विशेषज्ञ
- नर्तक/ गायक
- अभिनेता/ अभिनेत्री/ लेखक या कोरियोग्राफ़र या नृत्य संयोजक

चरण २– प्राम्भिक काट- छाँट की प्रक्रिया

उपरोक्त प्रत्येक विषय के पाठ्यक्रम की बुनियादी जानकारी लें ताकि आपको किसमें कितनी दिलचस्पी है इसका अच्छा अंदाज़ा हो।

'कोर्स की यह प्रारंभिक कांट- छाँट उन करियर और कोर्स को छाँट देती है जो आपकी ज़रूरतों से मेल नहीं खाते।'

चरण ३ - जो अनुभवी हैं उनसे अंतर्ज्ञान प्राप्त करें।

ऊपर छाँट कर चुने गये करियर विकल्पों में प्रत्येक से चार वर्ग के लोगों से मिलें-

- वर्ग एक- आपका सहकर्मी जो नयी सूची में चुनकर डाले गये करियर विकल्पों को आज़माना चाहता है।
- वर्ग दो- कोई छात्र जो इनमें दिये किसी कोर्स के अंतिम साल में है।
- वर्ग तीन- कोई ऐसा व्यक्ति जिसे पाँच वर्षों का अनुभव उपरोक्त विकल्प में है।
- वर्ग चार- ऐसा व्यक्ति जिसे इस क्षेत्र में बीस वर्षों से अधिक अनुभव है।

चरण ४ - अनुसंधान-
हर करियर विकल्प की निजी तौर पर खोज-बीन करें।अपनी गहरी ज़रूरतों के मुक़ाबले में एक से दस की स्केल पर उसे मूल्यांकित करें।

चरण ५ - मूल्यांकन-
आपके द्वारा जमा डेटा और जानकारी के आधार पर हर करियर विकल्प को अपनी ज़रूरतों की तुलना में एक से दस की स्केल पर मूल्यांकित करें।

चरण ६ - परिणाम जानें-
इन सभी कारकों को जोड़कर पूर्णांक निकालें ताकि आपको ये करियर चाहिए या नहीं का एक सही अंदाज़ा तो मिल जाएगा।

"" एक और तरीक़ा मुमकिन है जिसमें आप जिन विकल्पों को आप नहीं चाहते उन्हें छाँटते जाते हैं और उस अंतिम करियर या कोर्स पर पहुँचते हैं जो आपके लिए है।'

इस तरीक़े को आज़माते हुए अंत में आप इतना तो आराम से कह सकते हैं कि मैंने फ़िलहाल जितने साधन उपलब्ध हैं उनके आधार पर एक सही कोर्स या करियर अपने लिए चुना है।"

गतिविधि या कार्यक्रम

मैंने नीचे एक तालिका तैयार की है ताकि विषय और संदर्भ जल्दी पकड़ में आये।

नामः

तारीख़ः

हस्ताक्षरः

क्रमांक	'आपकी' ज़रूरतें और अपेक्षायें- कोर्स/ करियर	ये आपकी ज़रूरतें और अपेक्षायें क्यों हैं ?
१		
२		
३		
..		

क्रमांक	करियर के जो विकल्प उपलब्ध हैं-	आपकी ज़रूरतें					कुल
		१	२	३	.	.	
१	विकल्प १						
२	विकल्प २						
३	विकल्प ३						
..							

स्वयं अपने लिए तय करें या किसीका अनुगमन करें
आप स्वयं चुनाव करे !!

3

सही जीवनसाथी कैसे चुनें?

भारत में एक सही जीवनसाथी चुनने का मतलब है विवाह करना।शादी अपने आप में एक ऐसा चुनाव है जिसमें अच्छा-बुरा दोनों पक्ष मौजूद हैं। ये तो अमुक व्यक्ति पर निर्भर करता है कि वह जीवनसाथी चाहता है या नहीं।अगर कोई व्यक्ति एक जीवन साथी लेने का तय करता है तो मूलतः वह एक ऐसे साथी को ढूँढ रहा है जो उसे 'समझता' हो और उसका 'ख़याल' करता हो।सही जीवनसाथी पाने का एक लाइन वाला उत्तर यही है- 'समझना और ख़याल' करना।बहुत सरल है ना?

जो हो मैंने इसे तर्कयुक्त ढंग से बिंदुओं में बाँटने की कोशिश की है ताकि और स्पष्टता मिले तथा हमको अपने लिए एक विवेकपूर्ण निर्णय लेने में मदद मिले।

* पहला कदम - दूसरे पात्र को समझना
* दूसरा कदम- अपने आपको समझना

> *"सिर्फ़ डेटा जमा करो, निर्णय मत करो। (पहले और दूसरे कदम में)"*

- तीसरा कदम- निर्णय लेना (हाँ या ना....कितना प्रतिशत)।

अब प्रत्येक कदम को गहराई से समझें।
चरण १ : दूसरे व्यक्ति को कैसे समझें?

- दूसरे व्यक्ति में सच्ची दिलचस्पी लें और सभी बातों की जाँच करें।बुनियादी बातें... उनकी शिक्षा,अपेक्षायें,परिवार, कज़िन, ख़ुशी के पल वग़ैरह।
- छोटी या बड़ी सभी बातों में उनकी पसंद और नापसंदगी को जानें।
- छोटी या बड़ी सभी बातों में वे जो चाहते हैंया नहीं चाहते हैं की जानकारी रखें।
- उनके व्यक्तिगत चरित्र के लक्षणों (व्यक्तिगत गुण – Personal traits) को जानें जैसे की

  ◦ सामान्य तौर पर वे आलसी हैं या उमंग से भरे हैं?
  ◦ क्या वे ख़ुशी के पलों का जश्न मनाते हैं, हाँ तो कैसे?
  ◦ दुख के पलों में वे क्या करते हैं?
  ◦ जब बोर होते हैं तब क्या करते हैं?
  ◦ जब क्रोधित या कुंठित होते हैं तब क्या करते हैं?
  ◦ उन्हें झुँझलाहट क्यों होती है?

- उनके रवैये या दृष्टिकोण के बारे में आप जानते हैं?

  ◦ ज़िंदगी के प्रति उनका क्या रवैया है?
  ◦ स्वयं प्रति उनका रवैया क्या है?
  ◦ बराबर के लोगों के प्रति उनका रवैया क्या है?
  ◦ दूसरों के प्रति जैसे परिवार, रिश्तेदार आदि के प्रति उनका रवैया क्या है?

- कुछ कारकों का महत्व जानें-

- स्वास्थ्य उनके लिया कितना महत्व रखता है? *(कोविड महामारी के बाद स्वास्थ्य का महत्व बहुत बढ़ गया है।)*
- स्वास्थ्य मानसिक, शारीरिक, भावनात्मक और आध्यात्मिक सभी पक्षों से ताल्लुक़ रखता है।
- जीवन की प्राथमिकताएँ क्या हैं... वगैरह

चरण २ - अपने आपको इस परिस्थिति में कैसे समझें या परखें?

- जो प्रश्न चरण एक में पूछे गयें हैं उन्हें अपने आप से पूछें और काग़ज़ में नोट करें।
- अपनी कामनाओं / अपेक्षाओं (अगर हों तो) को आप जो बातें नहीं चाहते हैं की तुलना में स्पष्टतापूर्वक जानें।

चरण ३ - <u>अपने लिए</u> आप स्वयं <u>निर्णय</u> लें।

- क्या आप इस दूसरे व्यक्ति के साथ ठीक महसूस करते हैं?

  - उनकी चाहतें (अपेक्षायें, अगर हैं तो) और उनकी तुलना में जो वे नहीं चाहते ?
  - उनकी पसंदगी और नापसंदगी ?
  - उनके व्यक्तिगत चारित्रिक लक्षण ?
  - उनका रवैया ?
  - कोई अन्य बात ?

इसके **दो** मुमकिन उतर हो सकते हैं

1. अगर आपका उत्तर नहीं है तो उस व्यक्ति को जीवनसाथी बनाने के मामले को आगे बढ़ाने की ज़रूरत नहीं।
2. अगर आपका उत्तर हाँ है तो कितने प्रतिशत हाँ? फ़र्ज़ करें70% तो बाक़ी के जो 30% हैं क्याआप उसे निभाने को तैयार हैं?अगर हाँ तो

बधाई हो! आपकोअपना जीवन साथी मिल गया है।लेकिन उसे... इस बात पर अपनी सहमति व्यक्त करने की प्रतीक्षा कीजिए।

आपकी सुविधा और समझ के लिए प्रस्तुत है डायग्राम-

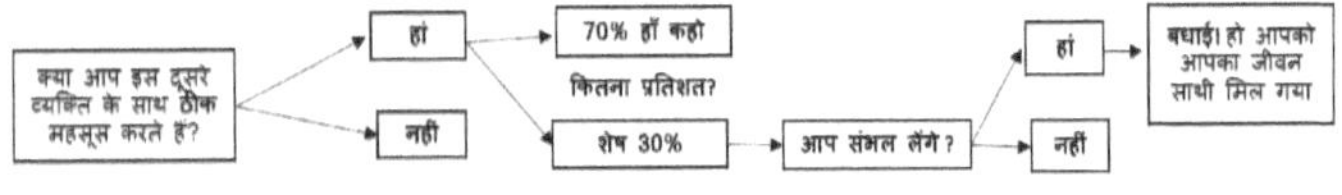

- क्या यह दूसरा व्यक्ति आपको अपना जीवसाथी बनाने को तैयार है?- हाँ।
- क्या आप अपना बाक़ी जीवन उनके साथ बिना किसी बदलाव की अपेक्षा किए, वे जैसे हैं उसी तरह उनको स्वीकारते हुए बिताने को तैयार हैं? – हाँ।

ऊपर पूछे गये प्रश्नों का उत्तर यदि हाँ है तो आपको मेरी ओर से बधाई।

आपको हर्ष और उमंग से भरी ज़िंदगी की शुभकामनाएँ!

नोट - मानव मनोविज्ञान और कुछ पाठ तथा तथ्य

- ज़िंदगी में चीज़ें एक मिश्रित पुड़िया के रूप में आती हैं।आप सभी बातों की अपेक्षा एक ही व्यक्ति से नहीं कर सकते।
- कभी भी आप सामनेवाले व्यक्ति का महत्व कम नहीं आंक सकते।
- हर इंसान मूलतः —

  - **सम्मान** पाना चाहता है।
  - वह जैसा है उसी तरह स्वीकृत होना चाहता है।

◦ नियमित अंतराल में अपनी **पहचान** की क़ीमत महसूस करना चाहता है।

- **भारतीय समाज-** यहाँ लड़कियाँ अपना घर छोड़कर पुरुष के साथ रहने जातीं हैं।न केवल वह उससे शादी करती है बल्कि उसके परिवार को सबसे ज़्यादा अपना लेती है।अगर लड़का विवाह के बाद अपने माता-पिता और परिवार के साथ रहना चाहता है तब इस बात पर ध्यान देना ज़रूरी हो जाता है कि **लड़की** जब भी कुछ कहती है वह न केवल **लड़के** से बल्कि उसके **परिवार से** भी कह रही होती है। इस हाल में लड़के का ये कर्तव्य हो जाता है कि वह देखें कि लड़की की आवश्यकताएँ उसके परिवार की आवश्यकताओं से मेल खाती हों।इस बात को लड़की भले साफ़ तौर पर ना प्रकट करें लेकिन लड़के से उसकी अपेक्षा रहती है कि वह इस स्थिति को समझे और काम करें।

- धन संबंधी निर्णय **एक्सेल** (Excel/Spreadsheet) उपकरण की मदद से किए जायँ तो अच्छा होगा। इंसानों से जुड़े निर्णय **हृदय** से किए जाएँ तो उत्तम रहेगा।

- सारे जवाबों को एक काग़ज़ पर लिखें।ऐसा करने से किसी ख़ास निर्णय को लेने में आपके आत्मविश्वास में बढ़ोतरी होगी और आपको लगेगा कि आपका निर्णय सही है।

- इस बात पर आपको ख़ुशी हो कि अपने निर्णय स्वयं लेने का अवसर आपको मिल रहा है। अधिकांश लोग इतने सौभाग्यशाली नहीं हैं।

4

जीवन या व्यवसाय के प्रति कैसे संपूर्ण या 360 डिग्री वाली दृष्टि या सोच प्राप्त करें?

क्या आप सहमत हैं कि हम सभी जीवन में अलग-अलग चीज़ों को चुनेंगे?

यदि आपको जिस चीज़ को चुन रहे हैं उसके लिये 360 डिग्री वाला परिप्रेक्ष्य मिल गया तो आप खुश नहीं होंगे?ये न केवल आपके चुनाव को सशक्त करेगा बल्कि आपके भी आत्मविश्वास और ज्ञान में वृद्धि करेगा।

क्या आप सहमत हैं कि हम जो कुछ वर्चुअल रियलिटी में देखते हैं वह टू डी और थ्री डी की तस्वीरों से बेहतर होगा?वी आर हमें चारों तरफ़ के नज़ारे को देखने में मदद करता है।इन सभी प्रश्नों का उत्तर देना आपको वर्चुअल रियलिटी वाला दृश्य प्रदान करेगा।

शायद ये एक बहुत अच्छी मिसाल नहीं है पर सच तो है।

आप इन '6 क' शब्दों का उत्तर दें-

आइये समझते हैं इसका मतलब क्या है -

- जवाब दें कि आपने यह क्यों करने का तय किया? – यह आपको **कारण** ढूँढने में मदद करेगा।
- जवाब दें कि **कौन** करेगा? यह जवाब आपको व्यक्ति को ढूँढने में मदद करेगा।
- जवाब दें कि **क्या** किया जाएगा? यह जवाबआपको **परिणाम** ढूँढने में मदद करेगा।
- जवाब दें कि यह कब किया जाएगा? यह जवाब आपको **कालावधि** को निर्धारित करने में मदद करेगा।
- जवाब दें कि यह कहाँ किया जायेगा? यह जवाब आपको जगह ढूँढने में मदद करेगा।
- जवाब दें कि यह **कैसे** किया जाएगा? यह जवाब आपको **प्रक्रिया /** **विधि** ढूँढने में मदद करेगा।

5

जीवन / व्यवसाय में स्पष्टता कैसे प्राप्त करें?

हम जो भी काम कर रहे हों उसमें स्पष्टता का होना हमारी बुनियाद को मज़बूत करता है।स्पष्टता के कई स्तर होते हैं।मैं सचमुच मानता हूँ कि अगर आपकी स्पष्टता उच्चतम है तब आपको अमुक काम को करने के लिये बाहर के किसी प्रेरणा श्रोत की ज़रूरत नहीं महसूस होती।

साथ ही आज के युग में हमारे पास इतनी ज़्यादा जानकारी मौजूद है कि स्पष्टता अपने आप में एक महा शक्ति है और हमें दूसरों से आगे रखती है।

इसलिए सवाल उठता है कि उच्चतम स्पष्टता की स्थिति को कैसे हासिल किया जाएँ?

अपने आप से पाँच बार ' क्यों ' पूछें?

अब इसका तात्पर्य समझें—

मान लीजिए आप अमुक काम ए (A) को करना चाहते हैं—

1. आप इसे क्यों करना चाहते हैं? इसे करने का कारण बी (B) है।

2. बी (B) कारण क्यों है? इसका कारण **सी(C)** है।
3. कारण **सी(C)** क्यों है? इसका कारण डी (D) है।
4. कारण डी (D) क्यों है? इसका कारण ई (E) है।
5. कारण ई(E) क्यों है? ....

मान लीजिए आप योग करना चाहते हैं...

I. आप **योग** करना **क्यों** चाहते हैं?क्योंकि मैं चुस्त रहना चाहता हूँ।
II. आप चुस्त **क्यों** रहना चाहते हैं? क्योंकि मैं यात्रा करना चाहता हूँ, अच्छा दिखना चाहता हूँ वग़ैरह।
III. आप **क्यों** यात्रा करना चाहते हैं?**क्यों** अच्छा दिखना चाहते हैं?... क्योंकि मैं चाहता हूँ... बस..।

पाँचवें **क्यों** के बाद आपको पहले से कहीं ज़्यादा और अतीव स्पष्टता का अनुभव होगा।

नोट

सारे जवाबों को एक काग़ज़ पर लिखें।ऐसा करने से किसी ख़ास निर्णय को लेने में आपके आत्मविश्वास में बढ़ोतरी होगी और आपको लगेगा कि आपका निर्णय सही है।

6

स्पष्टता और संपूर्णता से युक्त दृष्टि कैसे पायें? (उपरोक्त दो तकनीकों का मिलन)

'छह क' और 'पाँच क्यों' वाली तकनीक को अमल में लाने से अंतर्दृष्टि, आत्मविश्वास, समझ और ज्ञान आदि आपको मिलेंगे जो शायद आपको ऐसे न मिलते या छूट जाते।

अब आप दूसरे क्या कहते हैं या करते हैं को सुनकर भटक नहीं जाएँगे।ये इसलिए कि आपमें स्पष्टता है और जो काम चुना है उसके बारे में 360 डिग्री वाला परिप्रेक्ष्य है।

आज़माने की कोशिश करें और परिणाम ख़ुद देखें।

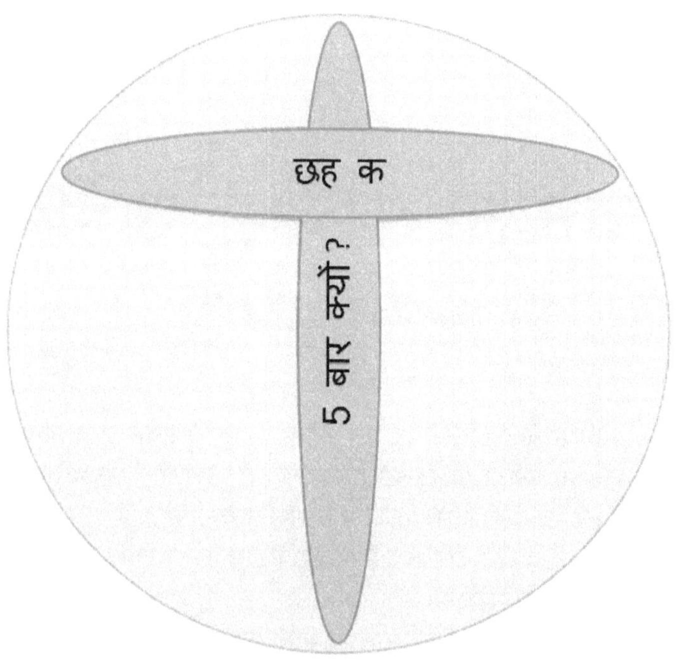

सचित्र प्रतिनिधित्व

7

प्रकृति से कैसे जुड़ें?

प्रकृति हमलोगों को मिला अद्भुत उपहार है।इसकी सबसे अद्भुत बात है इसकी अनित्यता या बदलते रहना।यह हमें सिखाती है कि परिवर्तन ही निरंतर सत्य है। कभी- कभी परिवर्तन तेज़ी से होता है और कभी-कभी यह इतना धीरे-धीरे होता है कि इसके होने का पता हमारे सामान्य इंद्रियों द्वारा नहीं लगता।

हम में से अधिकांश कई सामाजिक मीडिया के कई मंचों पर हैं जैसे इंस्टाग्राम, स्नैपचैट, फेस बुक आदि।हम अक्सर अपने से जुड़े लोगों को और विज्ञापनों को माँ प्रकृति की ख़ूबसूरती को दिखाने वाले तस्वीर डालते देखते हैं।ऐसे मौक़ों में हम इन तस्वीरों को देखकर प्रकृति की ख़ूबसूरती से अपनी आँखों से जुड़ जाते हैं।लेकिन यक़ीन मानिए प्रकृति की ख़ूबसूरती को देखने के लिए उस जगह की यात्रा करने के अपने फ़ायदे हैं!

मान लीजिए आप ऐसी किसी जगह की यात्रा की सोच रहे हैं तब यदि आप... प्रकृति से जुड़ने के इस अनुभव को किसी ऊँचे स्तर पर ले जा सकें तो?

इसके लिए इन चार कदमों को आज़माएँ:

• **प्रथम चरण- आँखों के माध्यम से**

- आँखों से प्रकृति को देखते हुए उसके निरंतर बदलते रूप को पहचानें।(इसमें प्रमुख काम **आँखों** का है।)

- **द्वितीय चरण- आँखें बंद कर लें**

  - यह परोक्ष रूप से आपके कानों की गतिविधि को बढ़ाता है और इसलिए आप प्रकृति की आवाज़ों को सुनते हैं। (यहाँ प्रमुख काम कानों का है)।

- **तृतीय चरण- आँखें बंद करके , कानों को उँगलियों से बंद करें ताकि आवाज़ें सुनाई न दें।**

  - यह परोक्ष रूप से आपकी नाक के क्रिया कलाप को बढ़ाता है जिससे आप प्रकृति को सूंघ पाते हैं।(यहाँ सबसे ज़्यादा काम नाक का है।)

- **चतुर्थ चरण- स्पर्श**

  - आस पास के माहौल को छुएँ और उसके स्पंदन को महसूस करें। प्रकृति में फैली हवा की ताज़गी का अनुभव करें।(यहाँ सर्वाधिक काम स्पर्श का है।)

इसे आज़माएँ और शायद आपको कुछ सार्थक और गहराइयों की समझ देनेवाली चीज़ मिल जायेजिससे आपका अनुभव बिल्कुल अगले स्तर पर पहुंच जाए। (टिप: प्रत्येक चरण पर कम से कम 30 सेकंड से 1 मिनट तक का समय व्यतीत करें)

कार्यक्रम

अलग-अलग मौसमों में इस जगह की यात्रा करें और इन बातों का अनुभव करें।

8

अपने से विपरीत लिंग को कैसे समझें?

यह युगों पुराना सवाल है और कई लोग इस बारे अलग-अलग दृष्टिकोण पेश करते हैं। मैंने एक किताब पढ़ी जिसका नाम था-मेन आर फ्रॉम मार्स एंड वीमेन आर फ्रॉम वीनस। इस अध्याय के संदर्भ में मैं निजी रूप से इस किताब को पढ़ने की सिफ़ारिश करता हूँ।

ख़ैर, मैंने विपरीत लिंग के व्यक्ति को समझने के लिए यहाँ चंद मनोवैज्ञानिक कारकों को पेश किया है—

- इस बात की कद्र करें कि पुरुष और स्त्री एक दूसरे से *अलग* हैं।तत्पर्य ये कि दोनों एक ही शब्दों का प्रयोग करते हैं लेकिन दोनों के इरादे और अर्थ बिलकुल भिन्न होते हैं।

- पुरुषों और स्त्रियों को ये याद रखना चाहिये कि उन दोनों की भावनात्मक आवश्यकताएँ एक जैसी नहीं हैं।अपने साथी पर ग़लत प्रकार के भावनात्मक ज़रूरतों को थोपना उनके द्वारा बहुत पसंद नहीं किया जाएगा।

- जीवन साथियों के बीच संवाद-संप्रेषण प्रेम भरा और आदरपूर्ण होना चाहिए।शाब्दिक आक्रमण बहुत ही विनाशकारी होते हैं।अक्सर आप जो कह रहे हैं उससे ज़्यादा महत्वपूर्ण होता है आप कैसे कह रहे

हैं।यही रिश्ते को बनाता या बिगाड़ता है।

मैंने एक तुलना प्रस्तुत की है ताकि समझने में स्पष्टता हो:

पुरुषों के चारित्रिक लक्षण

1. पुरुष ज़्यादातर समस्याओं का निदान पेश करनेवाले होते हैं।इसलिए जब सामनेवाला उनसे कुछ कहता है वे समस्या को सुलझाने के लिए कुछ कहते हैं।

2. पुरुष तभी जवाब चाहते हैं जब वे ख़ास तौर पर कोई प्रश्न करते हैं।

3. कठिन समस्याओं का सामना करते समय पुरुष ज़्यादातर स्वयं उसे सुलझाने का उपाय ढूँढते हुए बिलकुल मौन और अंतर्मुखी होकर जैसे अपनी गुफा में घुस जाते हैं।उस समय वे किसीसे कोई आदान-प्रदान नहीं चाहते और कम से कम संवाद चाहते हैं। इसलिए समझें कि पुरुष संवाद रहित और अव्यक्त इसलिए होते हैं क्योंकि वे ज़्यादातर मनन कर रहे होते हैं कि किसी की मदद करने का सर्वोत्तम तरीक़ा क्या है?

4. पुरुष बीच-बीच में आज़ाद रहने के अधिकार की माँग करते हैं।इसलिए जब वे आज़ादी महसूस करते हैं तो वे स्त्री की सुने जाने की माँग को पूरा करने में सहयोग करते हैं।

5. स्कोर- पुरुष के शब्दकोश में यह मान्यता होती है कि यदि वे कुछ बड़े काम निपटा लेते हैं तो बाक़ी छोटे काम आप ही फिट हो जाते हैं।

स्त्रियों के चारित्रिक लक्षण

1. स्त्रियाँ चाहती हैं कि वे सुनी जाएँ। वे समस्याओं के निदान की अपेक्षा नहीं करतीं।

2. इस मनोवैज्ञानिक अंतर के कारण **स्त्रियाँ** जब अपने घेरे के बाहर निदान प्रस्तुत करतीं हैं तो ज़्यादातर उनकी प्रशंसा नहीं होती।

3. कठिन समस्याओं का सामना करते वक्त **स्त्रियाँ** चाहती हैं कि उनका साथी बस, उनको सुनें। उन्हें कोई निदान देने की ख़ास ज़रूरत नहीं।इसलिए **स्त्रियाँ** ज़्यादातर संवाद करना चाहतीं हैं, अपने आप को अभिव्यक्त करना चाहती हैं ताकि वे मदद के लिए सबसे अच्छा तरीक़ा सोचकर निकाल सके।

4. **स्त्रियाँ** अक्सर नियमित अंतराल में सुने जाने का तक़ाज़ा करतीं हैं।इसलिए जब वह सुनी जाती है तब वे पुरुष की आज़ादी वाले तक़ाज़े को पूरा करने में सहयोग करतीं हैं।

5. **स्कोर**- औरत के शब्दकोश में पुरुष द्वारा उनको प्रभावित करने के लिये किए गये **छोटे-बड़े या बहुत बड़े**, सभी काम एक ही खाने में बिना अंतर के डाल दिये जाते हैं।

कृपया नोट करें कि ये सारे लक्षण **पुरुष** *और* **स्त्री** *दोनों में दिखाई दे सकते हैं।*

उपरोक्त सभी बिंदु विस्तार से, व्यावहारिक मिसालों को देकर समझाए जा सकते हैं लेकिन इस किताब का उद्देश्य वह नहीं है।दोनों की इन भिन्नताओं पर मनन करेंगे तो आप स्वयं से विपरीत लिंग को बेहतर समझने की स्थिति में रहेंगे और उस समझ के अनुसार काम करेंगे।

9

बेहतरीन स्वास्थ्य कैसे बनायें?

आज स्वास्थ्य का महत्व कोविड के दौरान मिली सीख और विराट कोहली जैसे युवा नायकों के कारण युवाओं में अत्यधिक प्रधान हो गया है। चूँकि कुछ युवा सिर्फ़ शारीरिक और मानसिक ख़ुशहाली पर ध्यान देते हैं स्वास्थ्य के संपूर्ण परिप्रेक्ष्य को समझना बहुत ज़रूरी हो जाता है।

मेरे लिये स्वास्थ्य चार क्षेत्रों में बँटा है जिस पर हमें ध्यान केंद्रित कर बेहतरी के उपाय या कार्यक्रम सोचने होंगे। उदाहरण—

1. आर्थिक स्वास्थ्य
2. शारीरिक स्वास्थ्य
3. भावनात्मक िस्वास्थ्य
4. आध्यात्मिक स्वास्थ्य

सचित्र प्रतिनिधित्व

इनमें से प्रत्येक क्षेत्र, प्रत्यक्ष या परोक्ष रूप से दूसरे हिस्सों से अंतर्संबंध रखता है। एक क्षेत्र में ध्यान केंद्रित करने से अपने आप दूसरे क्षेत्रों में भी स्वास्थ्य बेहतर होने लगता है।

10

अपने विकास की योजना कैसे बनायें?

हमारे स्कूली ज़िंदगी में, व्यावसायिक पाठ्यक्रम में हमारे विकास की रूप रेखा पहले से तय रहती है। आप एक या दो साल में एक के बाद दूसरे स्तर में उत्तीर्ण होते जाते हैं(यह विकास स्वयमेव होता है।) | लेकिन जब हम पूरे जीवन पर एक सम्पूर्ण दृष्टि डालते हैं तब ज्ञात होता है कि हम स्वयं अपने जीवन के स्वामी हैं और अपने विकास की योजना के स्वयं ज़िम्मेदार हैं। (इस विकास पक्ष के अभाव में जीवन मंद लगेगा)। क्या आप सहमत हैं कि अपने स्वास्थ्य के विकास की प्लान हम बनायें तो स्वयमेव वह हमारे जीवन में भी विकास लाएगा?

• प्रस्तुत हैं आपके लिये कुछ त्वरित कदम—

  ○ चरण १ - स्वास्थ्य के इन चार क्षेत्रों में आप कहाँ खड़े हैं इसका मूल्यांकन (Measure) कीजिए।

  ○ चरण २ - निश्चित(Decide) कीजिए कि आप प्रत्येक में कहाँ पहुँचना चाहते हैं।

  ○ चरण ३ - इसके लिए आवश्यक एक कार्यक्रम या योजना(Formulate) तैयार कीजिए।

○ चरण ४ - उस कार्यक्रम पर अमल(Act) कीजिए।

(कृपया तैयार टेम्पलेट के लिए कार्यक्रमदेखें)

• क्रिया (Action) के लिए मेरा सुझाव होगा कि 20-20-20 वाला नियम नियमित रूप से काम में लायें जिसमें रोज़ एक घंटा इस तरह बिताना होगा—

○ पहला बीस मिनट- गतिमान बनें, किसी शारीरिक कार्यक्रम में इस तरह भाग लें कि पसीना छूटे

○ अगला बीस मिनट -मनन करें- अकेले बैठकर श्वास पर ध्यान दें/जर्नल में कृतज्ञता ज्ञापन करें

○ अंतिम बीस मिनट- विकास – कोई पुस्तक पढ़ें//पॉडकास्ट सुनें (यह नियम फाइव ए एम क्लब (5 AM Club) नामक किताब से लिया गया है।)

कार्यक्रम

मैंने नीचे आपकी त्वरित संदर्भ व सुविधा के लिए एक छोटी सी तालिका बनाई है—

नाम-

तारीख़ और दिन-

हस्ताक्षर-

गतिविधि योजना की रिपोर्ट

व्यक्तिगत	आर्थिक स्वास्थ्य	शारीरिक स्वास्थ्य	भावनात्मक स्वास्थ्य	आध्यात्मिक स्वास्थ्य
वर्तमान स्थिति				
निर्धारित लक्ष्य				
आवश्यक गतिविधि				

बोनस

- हर वर्ष इन चार क्षेत्रों में अपने विकास की योजना बनाये और उसमें एक नया कौशल जोड़ें।
- कोई खेल चुनें और उसमें अपनी क्षमता बढ़ायें।(यह क्रिकेट, फुटबॉल,वॉलीबॉल,बैडमिंटन, स्क्वाश, टेनिस, तैराकी आदि में से कोई भी हो सकता है।)

कोई भी नई आदत/ कौशल जिसे इस सूची में जोड़ना चाहते हैं जोड़ें और उस पर हर रोज़ बीस मिनट, अगले इक्कीस दिनों के लिए बिना रुकावट के व्यतीत करें। चाहें तो इसे जारी रखें या फिर कुछ और आज़माएं ।

11

अपना समय कैसे बिताएँ?

आप अपना समय किस तरह बिताते हैं यह उन सब कार्यों की ओर इंगित करता है जो आप व्यक्तिगत और व्यावसायिक तौर पर करते हैं।फिर भी हम अपने दिन/ हफ़्ते/ महीने और सालों का कोई ख़ास लेखा – जोखा नहीं रखते।अपना समय आप किस तरह बिताते हैं यह बदलेगा तभी आप जो परिणाम हासिल करते हैं उसमें बदलाव आ सकते हैं।

- मेरी सी ए शिक्षा की यात्रा और जीवन से सबसे बड़ी बात जो मैंने सीखी वह ये है कि ' समय का आप पूरा सम्मान करें अन्यथा समय आपका मान नहीं रखेगा।'

  ○ समय ऐसी चीज़ है जिसे हम ख़रीदते तो नहीं लेकिन उसकी क़ीमत आंकी भी नहीं जा सकती! अपना कल्याण करना हो तो समय पर अपना स्वामित्व बनाये रखिये।

  ○ आप ये जानते होंगे कि अपना समय आप कहाँ बिताते हैं, कितना बिताते हैं, कितने समय की आपको सचमुच आवश्यकता है और जीवन के अधिक महत्वपूर्ण चीज़ों के लिये समय को किस तरह चुराया जा सकता है।

- समय के बारे में सबसे खूबसूरत बात ये है कि उसे आप पहले से खर्च नहीं कर सकते। भले आपने अतीत को व्यर्थ जाया किया होगा पर याद रहे भविष्य अभी भी आपके हाथ में है।
- नीचे एक छोटी तालिका है जो आपको यह विश्लेषण करने में मदद करेगी कि आप अपना समय ठीक से बिता रहें हैं या नहीं।

	तत्काल	तत्काल नहीं
महत्वपूर्ण है	**क्वाड्रंट I** चीजें जो जरूरी और महत्वपूर्ण हैं करना (Do)	**क्वाड्रंट II** चीजें जो तत्काल और महत्वपूर्ण नहीं हैं योजना (Plan)
महत्वपूर्ण नहीं है	**क्वाड्रंट III** चीजें जो अत्यावश्यक हैं और महत्वपूर्ण नहीं हैं प्रतिनिधि (Delegate)	**क्वाड्रंट IV** ऐसी बातें जो अत्यावश्यक और महत्वपूर्ण न हों हटाएं या बचें (Eliminate/Avoid)

> "" आदर्श यही होगा कि आप अपना अधिकांश समय क्वाड्रंट दो में बितायें जो ऐसी चीज़ों और क्रिया कलापों का प्रतिनिधित्व करता है जो महत्वपूर्ण तो हैं किंतु तात्कालिक नहीं हैं जिसमें आपकी शारीरिक स्वस्थता, खाली समय आदि आते हैं।""

कार्यक्रम

मैंने ये छोटी तालिका समझने और संदर्भ जानने के लिये तैयार की है—

तारीख़ :

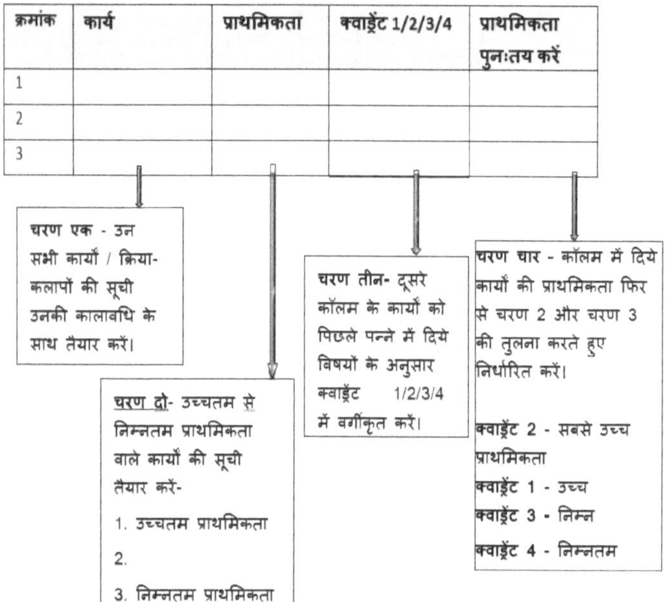

नोट

जब आप अपना समय इस तरह वितरित करते हैं और तदअनुसार नियमित रूप से काम करते हैं तब अपनी दिनचर्या में एक बड़े पैमाने का प्रारिवर्तन देखते हैं।

12

अपने भावों के साथ कैसे निपटें?

क्या आप सहमत हैं कि हम किसी परिस्थिति के प्रति जो प्रतिक्रिया दिखाते हैं वह सामने वाले के मन में हमारे व्यक्तित्व के बारे में एक राय बनाता है।ज़्यादातर हम बिना सोचे सिर्फ़ एक प्रतिक्रिया व्यक्त कर देते हैं, ये सोचे बिना कि हमारे पास क्या-क्या विकल्प उपलब्ध हैं। इस प्रतिक्रिया में अच्छा- बुरा दोनों ही पक्ष होते हैं।अब हमें एक कदम आगे जाकर खुले दिमाग़ के साथ देखना होगा कि किसी भी हालात में हमारे पास कौन-कौन से मुमकिन विकल्प हो सकते हैं।

- किसी भी स्थिति में हमारे पास हमेशा चार विकल्प मौजूद होते हैं।

4 A's (ये) हैं-

1. आप इस परिस्थिति को टाल (Avoid) सकते हैं
2. आप इस परिस्थिति को बदल(Alter) सकते हैं
3. आप उस परिस्थिति के अनुकूल(Adapt) हो सकते हैं
4. आप उस परिस्थिति को स्वीकार (Accept) सकते हैं।

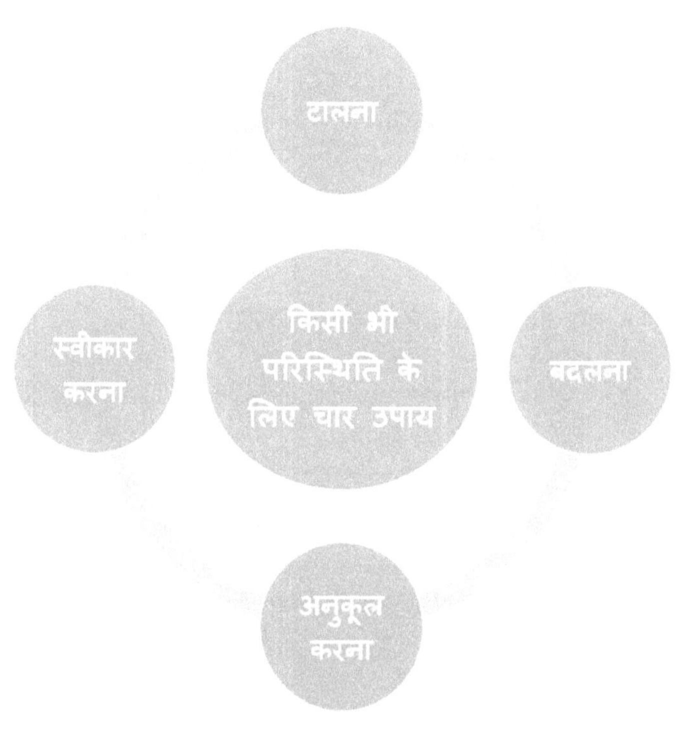

सचित्र प्रतिनिधित्व

<u>नोट</u>

- किसी भी परिस्थिति के प्रति प्रतिक्रिया के बदले उसका प्रत्युत्तर या रिस्पांस देना ज़्यादा फ़ायदेमंद होता है।
- किसी भी परिस्थिति को मन में बहुत बढ़ा- चढ़कर न देखें। सभी चीज़ों को वैसा ही देखें जैसी वह है।

चिंता, भय और व्यग्रता

अक्सर हम अलग-अलग बातों के बारे में चिंता करते हैं। चिंता से किस तरह निपटना चाहिए यह सीखें। अपने आप से सिर्फ़ एक सवाल करें।

- क्या आप उस स्थिति के बारे कुछ कर सकते हैं?

  ० **अगर हाँ-** तो क्यों चिंता करें(यानी आप उस बारे कुछ कर सकते हैं तो चिंता किसलिए?)
  ० **अगर ना-** तो भी क्यों चिंता करें?(यानी जब हालात आपके नियंत्रण में नहीं हैं तो किसलिए चिंता?)

' *यह लाइफ़्स अमेजिंग सीक्रेट* ' *नामक किताब से ली गई है।*

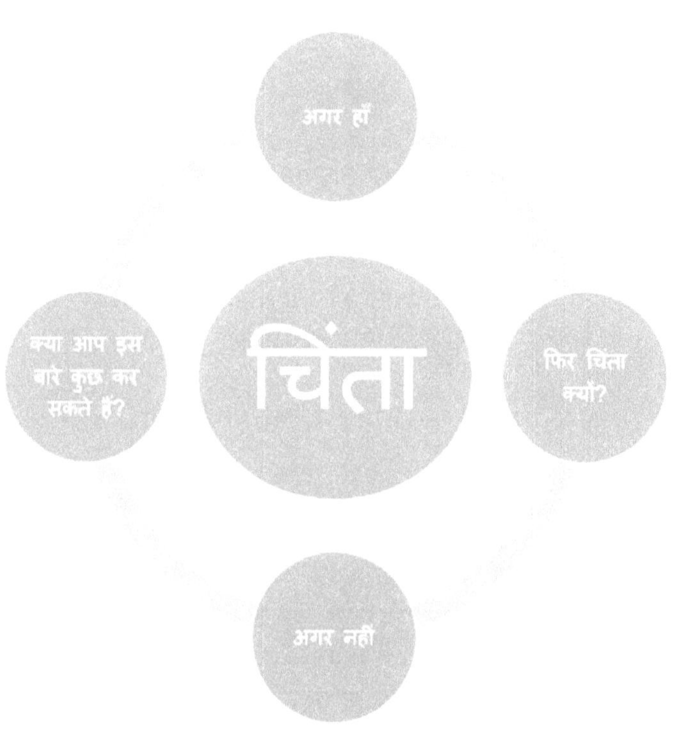

सचित्र प्रतिनिधित्व

- अगर आप कई चीज़ों को लेकर चिंतित हैं, तो सभी चिंताओं के बारे में एक साथ सोचने के बजाय **एक समय में एक चिंता** से शुरुआत करें। रेत से बने घंटा गिलास में भी रेत के कण एक- एक करके गिरते हैं एक साथ नहीं तो आप क्यों सारी चिंताओं का बोझ एक साथ अपने सिर पर लेते हैं!
- या तो कहीं टहलने निकल जाइए या कोई तीव्र कसरत करने की सोचिए। मूलतः आपको कुछ ऐसा करना है जिससे मन फ़िलहाल उसी विषय के बारे में लगातार सोचना बंद कर दे।

- हम अक्सर निम्नलिखित बातों के बारे में चिंता ज़्यादा करते हैं -

  ○ अगर ऐसा हो गया तो?मैं क्या करूंगा?किसके पास जाऊँगा? कौन मेरी मदद करेगा?
  ○ इन परिस्थितियों में हम उन सब परिणामों के बारे में सोच रहे होते हैं जो अभी हुए नहीं हैं पर होने की संभावना रखते हैं।
  ○ ऐसी स्थिति में आप संभावना (Possibility) की जगह वह डालें जो ज़्यादातर (प्रायिकता) (Probability) होता है ।बस इतना करने से आपकी चिंता कि तीव्रता कम हो जाएगी।

- अपनी चिंता के बारे में कागज़ के टुकड़े पर लिखना।

क्रोध /दुख

अधिकतर मामलों में हम इस तरह नाराज़ होते हैं— उस व्यक्ति ने कुछ ऐसा किया या कुछ ऐसा कहा। यह स्पष्ट होता है कि दूसरा जो करता या कहता है उस पर हमारा कोई नियंत्रण नहीं होता लेकिन वैसी परिस्थितियों में हमारी प्रतिक्रिया क्या होनी चाहिए यह पूरी तरह से हमारे नियंत्रण में है।

याद रहें कि '*क्रोध किसी और की गलती के लिए अपने आपको दिया गया दंड है।* '

इस स्थिति में अपने आपकी मदद के लिए पेश हैं कुछ सुझाव -

- जब किसी के कुछ करने से आपको क्रोध आता है आप उस पूरी परिस्थिति को नज़रअंदाज़ करके हंस दें।
- मुस्कुरायें
- हँसना सबसे अच्छी दवा है।
- शब्दों के बदले आपकी क्रियाओं को बोलने दीजिए।
- अपने आपको कुछ समय दीजिए जैसे रात भर या एक-दो दिन फिर उसके बाद उस परिस्थिति पर दोबारा मनन कीजिए।यकीन मानिए

कि उसके बाद जो प्रतिक्रिया आप देंगें वह निश्चित रूप से पहलेवाली से बहुत अलग होगी।

ख़ुशी और हर्ष

छोटी से छोटी सफलता/कामयाबी को अपने साथ या करीबी दोस्तों के साथ मनायें। मिसाल के तौर पर कोई पार्टी देना या ख़ास दोस्तों को खाने पर ले जाना वग़ैरह।

न्यूरोसाइंस या स्नायुतंत्र विज्ञान के अनुसार ऐसा करना आपके मस्तिष्क में डोपोमिन के स्राव को पैदा करेगा और हमें ऐसी कामों को भविष्य में ज़्यादा करने के लिए उकसायेगा।

13

अपनी मित्र मंडली को कैसे चुनें?

विश्वास करें या ना करें- हम जिस तरह के मित्रों को चुनते हैं उनका प्रभाव, हमारे निर्णयों पर, हम जिस तरह अपने जीवन का नेतृत्व करते हैं उस पर प्रत्यक्ष या परोक्ष रूप से,पड़ता है।

लेकिन क्या इसका मतलब ये है कि आप उन लोगों से दोस्ती ना करें जो आपसे मेल नहीं खाते हैं।इस प्रश्न का उत्तर निश्चित रूप से ना है!

मैं तो बल्कि ये कहूँगा कि सभी तरह के दोस्त बनाइए, उनसे मिलिए- जुलिए, सीखिए, इस संसार और उसके वस्तुओं को उनके नज़रिए से देखिए,वगैरह। यह आपकी चेतना काविस्तार ग़ज़ब के ढंग से करेगा।

इसके बाद जिन लोगों से आप जुड़ा हुआ महसूस करते हैं, जिनसे बेहिचक विश्वास के साथ बातें बाँटते हैं उनको ज़्यादा वक्त दीजिए। अगर ऐसा कोई नहीं है तो ठीक है क्योंकि आप तो हैं ही अपने लिये।

नीचे एक छोटा सा उदाहरण है । इसमें आप सभी परिधियों के बीच में ख़ुद को देखते हैं।प्रथम एक या दो परिधि सिर्फ़ उन बातों का प्रतिनिधित्व करते हैं जो सिर्फ़ आपको मालूम हैं और आप उन्हें किसी से बाँटना नहीं चाहते।(ये आपको उन बातों को व्यक्तिगत रखने में मदद करेंगे।)हर परिधि ये दिखाएगा कि कौन आपके कितना क़रीब है और

इसके आधार पर आप उनके साथ उतना ही बाँटेंगे जितना आप चाहते हैं।आपका हर दोस्त / रिश्तेदार/परिवार का सदस्य इनमें से किसी भी परिधि में हो सकता है और इस परिधि पर यह बात निर्भर करेगी कि तुम उससे कितनी बातें/ विचार/ भावनाएँ बाँटोगे।

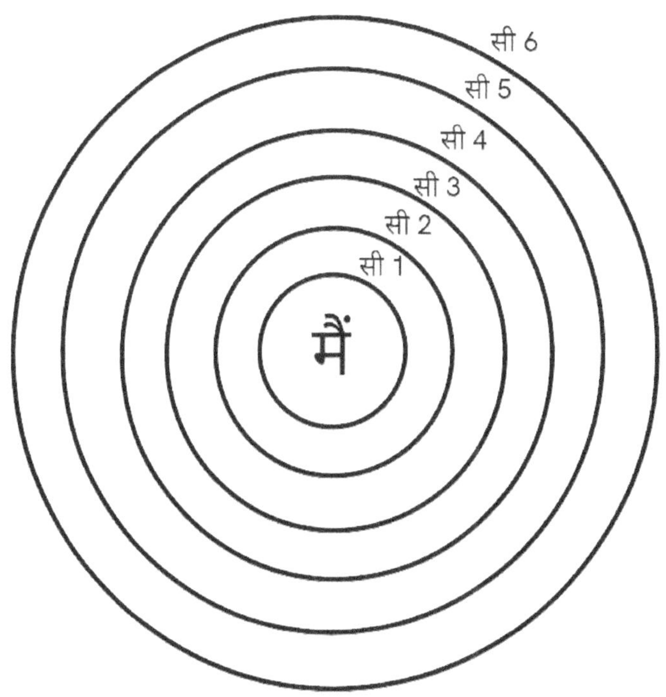

सचित्र प्रतिनिधित्व

सावधानी

आप दोस्तों के साथ किस तरह के कार्यक्रम करना चाहते हैं यह आपकी इच्छा पर है। विवेक के साथ सोचकर चुनें कि आप यह सब करना चाहते

हैं या नहीं!

14

धन किस तरह खर्च करें?

सामान्य तौर पर हमारे पास धन को खर्चने की कोई निश्चित रूपरेखा नहीं होती।हम उन चीज़ों पर धन खर्चते हैं जो हमें पसंद हैं।जब हमें अचानक किसी चीज़ या साधन को ख़रीदने का निर्णय लेना पड़ता है तब मन कहता है हाँ ले लो क्योंकि पैसे तो हैं।

यहाँ एक छोटा सा नियम है जिसे हम सभी, धन को **सावधानी से** खर्चने के लिए लागू कर सकते हैं।इस नियम में इन सरल सवालों के जवाब आपको देने होंगे-

- क्या यह मेरी ज़रूरत है?
- क्या इससे मेरी **सेहत** बेहतर होगी?
- क्या इससे मेरे धन में बढ़ोतरी होगी?
- क्या इससे मेरा **ज्ञान** बढ़ेगा?
- क्या इससे **रिश्ते** बढ़ेंगे?
- क्या इससे अनुभव समृद्ध होंगे?

अगर इनमें से किसी का भी उत्तर हाँ है तो **बधाई** आप पैसे खर्च कर सकते हैं।

नोट एक : पैसों का खर्चा पैसे किसके हैं इसके अनुसार बदलता है क्या?

हम लोगों में ज़्यादातर लोग माता-पिता पर निर्भर हैं और कुछ आत्मनिर्भर हैं। कमाई अपनी हो तो इच्छानुसार खर्च किया जा सकता है।

अगर आप एक आईफ़ोन लेना चाहते हैं या विदेश यात्रा पर निकालना चाहते हैं तो हाँ ज़रूर जाएँ बशर्ते वे पैसे आपकी कमाई से हैं और आपके परिवार की ज़रूरतें आप पूरी कर चुके हैं।

नोट दो : धन से आपका रिश्ता?

हम में से प्रत्येक की **आर्थिक पृष्ठभूमि** अलग है।कई अगर माध्यम वर्गीय परिवार से हैं तो कुछ अमीर वर्ग के और कुछ गरीब वर्ग के हैं।

अमीर घर के सदस्यों में **अहंकार** न हो कि उनके पास गाड़ी है,आईफ़ोन है बल्कि उनके मन में कृतज्ञता हो कि यह सब मेरे पास है। दोनों बातों में बहुत बड़ा अंतराल है।

नहीं अगर पैसे आपके माँ - बाप के हैं। (हाँ हो सकता है अगर आपके माता- पिता ये सोचकर अनुमति दें कि यह कोई अति नहीं है और परिवार के आर्थिक स्वास्थ्य में इससे फर्क नहीं पडनेवाला।)

15

धन के वास्तविक रूप से स्वयं को अवगत करें?

ये सच है कि हम सभी घर से बाहर निकलकर अपनी आजीविका द्वारा धन कमायेंगे।

मैं आपसे एक ही सवाल का उत्तर जानना चाहता हूँ -

"धन की उपयोगिताएँ क्या हैं?"

शायद तुम कई तरह के जवाब दोगे। इस उत्तर को आसान बनाने के लिए -

नीचे धन की पाँच उपयोगिताएँ प्रस्तुत हैं ताकि आप एक संतुलित और एक मधुर रिश्ता धन के साथ क़ायम कर सकें—

1. ज़रूरतों के लिए धन उपलब्ध करना (NECESSITIES)
2. निकट भविष्य की सुरक्षा के लिए बचाना (SAVINGS)
3. हमारे जीवन का आनंद लेने के लिए उपलब्ध कराना (ENJOYMENT)

4. निवेश करने के लिये (INVESTMENT)
5. समाजिक कल्याण के लिए योगदान (CHARITY)

जब आप धन कमाने का प्रयोजन जान लेते हैं तो ये समझना आसान हो जाता है कि क्यों कमा रहे हैं और कहाँ उस धन को खर्च करना है।

वास्तविक वित्त (REAL FINANCE) क्या है यह विषय अपने आप में एक बड़ी चर्चा का विषय है और रोज़मर्रा ज़िंदगी में अमल में लाने का विषय है।

1. वास्तविक संपत्ति ख़रीदें (BUY REAL ASSETS)

- वास्तविक संपत्ति वह धन है जो धन की कैश फ़्लो यानी नगदी का प्रवाह पैदा करता है।

""(संपत्ति को एकाउंट्स में इनकम टैक्स, जी एस टी आदि नामों से परिभाषित किया गया है लेकिन ये कभी न भूलें कि वास्तविक संपत्ति क्या होती है।)"

जैसे " गाड़ी ख़रीदना तब तक संपत्ति प्राप्त करना नहीं है जब तक उससे हमें नगदी का प्रवाह नहीं प्राप्त होता।""

1. 70:20:10 का नियम (ई एल आर रूल) (ELR Rule)

- इस नियम को अपनी देयता (liability) को चुकाने के काम में लायें और अपने आर्थिक ख़ुशहाली के लिए वास्तविक संपत्ति का निर्माण करें।

मान लीजिए आपकी कमाई 100 है तो—

- *अधिकतम खर्च को अपने वेतन के 70% तक सीमित रखना चाहिए, ज्यादा नहीं। जैसे - 100*70%=70*

- क़र्ज़/ देयता अगर है तो वह आपके वेतन के 20% से ज़्यादा नहीं हो। जैसे -100* 20%=20

- निम्नतम वास्तविक संपत्ति आपकी कमाई का 10% ही होना चाहिए। जैसे - 100*10%=10

16

अपने लक्ष्य पर पूर्ण केंद्रित (फोकस) कैसे रखें?

फोकस या ध्यान को केंद्रित रखना आज के युग में सबसे प्रधान बात है। हमारे सामने चुनावों की प्रचुरता है, इतनी सारी चीज़ें उपलब्ध हैं कि एक बटन को दबाने से हम भटक सकते हैं *(हाँ, यह सब हम उस बटन का उपयोग किस तरह करते हैं इस पर निर्भर करता है।)* तो.. हम किस तरह अपने ध्यान लक्ष्य पर केंद्रित रखें और भटकें नहीं?

- एक काम है जो हम कर सकते हैं। क्या हम कभी कपड़े पहनना भूलते हैं?नहीं ना? तो हम अपने सपनों/ लक्ष्यों को नहीं भूलें और निम्नलिखित तरीक़ों से इस समझ को बनाये रखें—

एक छोटा कदम

अपनी कपड़े की अलमारी में एक काग़ज़ चिपका दें।हर बार कपड़े पहनते हुए आप किसलिए पैदा हुए है और क्या उद्देश्य है जीवन का यह याद आ जायेगा।

- जब बहुतेरे कम करने को होते हैं और कहाँ से शुरू करना है यह समझ नहीं आता तब कोई एक कार्य को लें और **पोमोडोरो तकनीक** आज़माएँ जिसे आज़माते हुए आपको पच्चीस मिनट के लिए अपना पूरा ध्यान बिना बाँटे देना होगा।

- कई कामों को एक साथ करना यानी **मल्टीटास्किंग (MULTITASKING)** एक मिथ्या सिद्धान्त है।बल्कि हम उसके बदले **स्विच्टास्किंग(SWITCHTASKING)** करें यानी बदल-बदलकर कार्यों को करेंगे और उसे मल्टीटास्किंग का नाम देंगे। एक समय में हम एक काम करेंगे और समयानुसार उस काम को बदल दूसरा काम करेंगे।इस तरह एक समय में एक कार्य पर ध्यान **केंद्रित** रखें ये नहीं कि बहुत से कार्यों पर।

- हर किसीकी **अपनी ख़ास ताक़त** होती है।अगर आप दूसरों की ताक़तों के बारे सोचते रहेंगे तो आपको अपनी ताक़त का पता भी नहीं चलेगा!अपनी ताक़तों को पहचानें और उस पर काम करें।इसलिए हमेशा ध्यान अपनी ताक़तों पर **केंद्रित** रखना है **दूसरों** पर नहीं।ऐसा करने से आपका **आत्मविश्वास** बढ़ेगा, आप **सशक्त** हो सकेंगे।

- हमें या तो **पूरी** तरह से **अपने** ऊपर विश्वास रखना चाहिये **या पूरी** तरह उस **परमात्मा की शक्ति** पर विश्वास करना चाहिए यानी वह ताक़त जो हमसे बड़ी है । पर सच पूछो तो हमारी आस्था व्यवस्था ऐसी है कि हम दोनों के बीच झूलते रहते हैं। उस पर नज़र रखें और मनन करें।

" ईश्वर पर विश्वास का मतलब ये नहीं कि वह परमशक्ति ही सब कुछ करेगी। बल्कि ये मतलब है कि वह तुम्हारी सहायता के लिये तब आएगी या तब रास्ता दिखाएगी जब आप स्वयं उठकर अपने लिए कार्य करेंगे।"

17

सोशल मीडिया को कैसे सूझ-बूझ के साथ इस्तेमाल करें?

सामाजिक (सोशल) मीडिया के महारथी मनुष्य के मनोविज्ञान और तंत्रिका विज्ञान या न्यूरोलॉजी को भली-भाँति समझ चुके हैं और दूसरे किसी भी उद्योग की तुलना में वे इसका सर्वोत्तम उपयोग कर रहे हैं।मेरे पास एक सवाल है जो आप ख़ुद से कर सकते हैं—

" क्या ये सच नहीं कि ' आपके पास जो इलेक्ट्रॉनिक उपकरण हैं उस पर स्वामित्व आपका होना चाहिए न कि उसका आप पर?"

अगर हाँ तो नीचे कुछ सुझाव हैं जो आपको आपका समय बचाने में मदद करेंगे और उस इलेक्ट्रॉनिक उपकरण का उपयोग सूझ- बूझ के साथ आपके फ़ायदे के लिए करने में मदद करेंगे।

- सामाजिक मीडिया में लगे नोटिफिकेशन की बटन को बंद कर दें।यह आपको उसके साथ आपकी इच्छानुसार जुड़ने में मदद करेगा यानी

जब आप चाहते हैं न कि जब वे चाहते हैं!

- घर में कोई ऐसी जगह बनायें जो ' नो फ़ोन ' वाली जगह हो जहां कोई भी सदस्य फ़ोन का इस्तेमाल नहीं कर सकता।यह हमे उस उपकरण से थोड़े समय के लिये अलग कर देता है और एक दूसरे से बात-चीत करने का मौक़ा देता है जिसकी वजह से हम उस सदस्य/व्यक्ति से अपना रिश्ता बेहतर कर पाते हैं।
- सोते वक्त फ़ोन को अपने पास न रखें।इससे नींद और अच्छी आती है और आप ताजगी महसूस करते हैं।आप फ़ोन की अलार्म के बदले सामान्य अलार्म घड़ी भी बिस्तर के पास रख सकते हैं।

कार्यक्रम

मोबाइल में स्क्रीन टाइमर को चालू करके एक सप्ताह के लिए निरीक्षण करें-

- आप प्रति दिन कितने घंटे मोबाइल फ़ोन में बिताते हैं?
- किन एप्लीकेशन में आप समय बिताते हैं?

अपना मूल्यांकन करें कि क्या इस एप्लीकेशन/ उपकरण में इतना समय बिताना आपके लिये फ़ायदेमंद है?

बोनस

- नेटफ़्लिक्स में वृत्त चित्र देखें,' सोशल डीलेमा'।
- इस विषय पर किताबें पढ़ें, सोशल मीडिया, दोस्तों और हमउम्र लोगों से जानकारी प्राप्त करें।

18

सही माइंडसेट कैसे रखे?

मानव बुद्धि एवं कालांतर में उसका क्रमिक विकास ही आज के हमारे अस्तित्व और विकास का करण हैं।फिर भी यह कहना ज़रूरी है कि आपकी अपनी जो मानसिकता है वह आपकी ख़ुशी और रवैये के लिये बराबर अनुपात में ज़िम्मेदार है।

तो उपरोक्त के आधार पर आप चुन सकते हैं कि आप जीवन में कैसी मानसिकता पाना चाहते हैं?,

मैंने नीचे कुछ मानसिकताएँ नोट की हैं जो हम अपना सकते हैं—

- आपको ये निर्णय/ चुनाव स्वयं करना होगा , आप किसी और पर अपने निर्णय की ज़िम्मेदारी नहीं डाल सकते। (इस एक पर अमल करने से आप अपनी ज़िंदगी के मालिक स्वयं हो जाएँगे।)
- आप एक **करनेवाला** इंसान बनें न कि सिर्फ़ बोलनेवाला।
- अपने जीवन के हर क्षेत्र में **प्रगति व विकास** की मानसिकता रखें।
- एक ऐसी मानसिकता बनाइए जिसमें **प्रचुरतावाली सोच** हो, अवसरवादिता और आशावादिताहो।
- संसार में बहुत कुछ ऐसा है जो आप नहीं जानते इसलिए हमेशा सीखने और स्वीकार करने का रवैया रखें।

- कामयाबी में कोई पूर्णविराम नहीं होता, सिर्फ अद्धविराम या कोमा होते हैं। **कामयाबी** एक यात्रा की तरह है, लक्ष्य नहीं।
- नीचे दी गई तीन बातें हमेशा अपने मन में रखें-

"एक बच्चे की जिज्ञासा
एक वयस्क व्यक्ति की ऊर्जा
एक वृद्ध व्यक्ति का विवेक"

क्रियान्वयन के वे बिंदु जो अपना सकते हैं-

- जब **दुखी** हों तब कोई निर्णय नहीं लें और जब **खुश** हैं तब कोई वादे ना करें।
- प्रतिदिन कम से कम एक इंसान के प्रति कृतज्ञता व्यक्त करें।
- जो **सही** है उसे करें बजाय इसके कि जो **आसान** है! यह कठिन तो है पर यह आपको सही रास्ते में लेकर जाएगा।
- आपके **विकास** की चाभी आपकी **दैनिक दिनचर्या** पर है। इसका मतलब कोई लंबा इक्कीस घंटों वाला कार्यक्रम नहीं बल्कि अगले इकीस दिनों के लिये हर रोज़ एक घंटे किया जानेवाला कार्यक्रम है।
- जीवन की छोटी से छोटी बात/ जीत को मनायें।उस क्षण के साथ रहें।
- किसी भी परिस्थिति/ सौदे में इस तरह समझौता करें कि जीत ही जीत हो।
- काम की प्रक्रिया पर ध्यान दें, परिणाम आप ही मिल जाएँगे। प्रक्रिया के समय धीरज नहीं, **बेचैनी रहे** और **परिणाम** के लिए **धीरज** रखें।
- अपनी विकास यात्रा पर नियमित अंतराल में नज़र डालें।तीन महीने का अंतराल अच्छा रहेगा।
- कभी किसी व्यक्ति को परिभाषित कर सींखचों में न बंद करें।अगर ऐसा करेंगे तो आप, उससे सीखने को जो भी मिलने की उम्मीद

है उसे बर्बाद कर देंगे।शायद वह आपसे कुछ आपके लिये मायने रखनेवाली बातें बाँट सके। अर्थात् आप दूसरे व्यक्ति की ओर से आनेवाले बदलाव के लिए अपने मन के दरवाज़े खुला रखें।

- आप स्कूल में पढ़ाकू थे या नहीं, उससे कोई फ़र्क़ नहीं पड़नेवाला! फ़र्क़ तो इससे पड़ता है कि क्या आप ऐसी ज़िंदगी जी सकते हैं जिस पर आपको गर्व हो?

19

कहानी: कामनाएँ सच होतीं हैं!!

प्यारे दोस्तों,

आज एक कहानी के बदले एक सच्ची घटना बताना चाहता हूँ।ये घटना मैंने अपने दादा-दादी से सुनी और मेरे मन में इसकी यादें अभी भी ताज़ा हैं।

मैं आपको एक भारतीय गाँव ' गोवानकोप्पा' ले जाता हूँ जहां रहनेवाले कई बाशिंदों में दो गहरे दोस्त गोपी और मणि थे।वे हर मामले में एक दूसरे के बराबर थे चाहे वह शिक्षा हो,परिवार हो, खेल हो, धन हो या ज्ञान हो।वे दोनों आस- पास के गाँवों में सबसे धनवान माने जाते थे और दोनों के पास धन भी बराबर ही था। (याद रहे कि जाने-अनजाने सभी ज़्यादा से ज्यादा धन चाहते हैं।)

हर सुबह उठकर वे बड़ी विनम्रतापूर्वक भगवान की पूजा करते। भगवान उनसे बहुत प्रभावित होकर अलग-अलग दर्शन देकर बोले कि कोई एक चीज़ जो दोनों जीवन में चाहते हैं उनसे माँगे और वह उन्हें दिया जायेगा।(*'सिर्फ़ एक चीज़'*)।

गोपी ने कहा,"हे भगवान मुझे ऐसा बनाइए कि हमेशा मुझे धन मिलता रहे।"

मणि ने कहा,"हे भगवान मुझे ऐसा बनाइए कि मैं हमेशा धन देता रहूँ।"

भगवान ने उन्हें आशीर्वाद दिया और मुस्कुराते हुए कहा कि आप दोनों की कामनाएँ पूरी होंगी।पाँच साल बाद जब मेरा उस गाँव में जाना हुआ तब मुझे उन्हें देखकर बड़ा आश्चर्य हुआ।

क्यों अचरज हुआ?

क्या गोपी के पास पैसे मणि से ज़्यादा हो गये थे? या

मणि के पास गोपी से ज़्यादा धन हो गया था? या

दोनों के पास धन बराबर था?

"पाँच वर्ष बाद......."

पाँच सालों में गोपी ने सारा धन गँवा दिया था , उसके परिवार के सदस्य उसे छोड़ चुके थे और गाँव में उसका आदर करनेवला कोई न था।

अभी गोपी गाँव के घर-घर में भीख माँग रहा था ताकि खाने का बंदोबस्त कर सके और मणि गाँव का सबसे अमीर आदमी था। यही नहीं लोगों को खूब धन दान भी कर रहा था।

"(याद रहे कि गोपी की इच्छा हमेशा से पैसा पाते रहने की थी, वह सच हो रही थी और उसे धन मिल रहा था।
मणि की इच्छा हमेशा से समाज को देने की थी और वह कामना भी सच हो रही थी।वह सबसे अमीर था , लोगों को खूब दान देते हुए एक खुशहाल जिन्दगी जी रहा था।)"

हम इस घटना से क्या सीख ले सकते हैं?

' हमेशा समाज की सेवा करने का लक्ष्य रहे, बाक़ी अपने आप घटित होगा।'

अब यह आप पर है कि आप गोपी होना चाहते हैं या मणि?

इसलिए <u>सोच-समझकर चुनें।</u>

20

प्रमुख स्मरणीय बातें और उपयोगी कार्यक्रम

किताब से मिले तीन महत्वपूर्ण सीख

1.
2.
3.

एक काम जो आप करेंगे—

राधा जनार्दन, वरिष्ठ रचनाकार तथा अनुवादक(तमिल एवं अंग्रेजी से हिन्दी)। संप्रति त्रिवेन्द्रम,

संपर्क - janardhanradha@yahoo.com

आप मुझसे (लेखक) निम्नलिखित पते पर संपर्क कर सकते हैं-
gandhirahul511@gmail.com

Linkedin: https://www.linkedin.com/in/ca-rahul-r-gandhi-19a777136/

Instagram ID: the_chartered_guy

www.ingramcontent.com/pod-product-compliance
Lightning Source LLC
Chambersburg PA
CBHW022104150726
47990CB00003B/1246